V. ~~1510~~. 2506. (Le texte est 8°. V 2506.
7 C. C. 5 α. ζ 5.)

TRAITE

DES

CONSTRUCTIONS RURALES,

DANS LEQUEL ON APPREND LA MANIÈRE DE CONSTRUIRE, D'ORDONNER ET DE DISTRIBUER LES HABITATIONS DES CHAMPS, LES CHAUMIÈRES, LES LOGEMENS POUR LES BESTIAUX, LES GRANGES, ÉTABLES, ÉCURIES, ET AUTRES BATI-MENS NÉCESSAIRES A L'EXPLOITATION DES TERRES ET A UNE BASSE-COUR :

OUVRAGE publié par le Bureau d'Agriculture de Londres, et traduit de l'Anglais, avec des Notés et des Additions,

PAR C. P. LASTEYRIE,

Membre des Sociétés Philomatique, d'Encouragement pour l'Industrie Nationale, d'Agriculture du Département de la Seine, de la Société Royale Patriotique de Stockholm, etc,

Pauperiem faciunt ædificia.
PONTANUS,

COLLECTION DE PLANCHES.

A PARIS,

Chez F. BUISSON, Imprimeur - Libraire, rue Hautefeuille, n°. 20.

AN X (1802)

LISTE DES PLANCHES

DONT CETTE COLLECTION EST COMPOSÉE.

———

Pl. I.

Petite Habitation Rurale, premiere Classe.

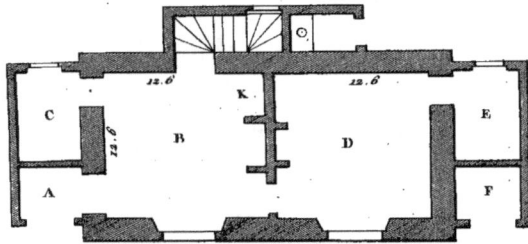

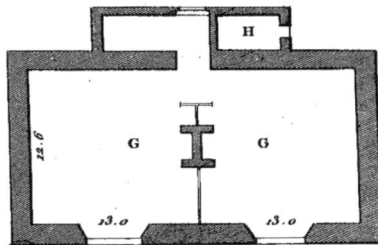

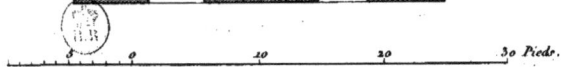

Voy. Pag. 140.

Pl. II.

Habitation Rurale, Seconde Classe.

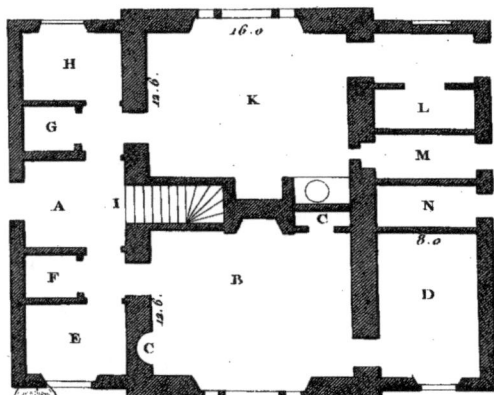

Voy. Pag. 140.

5   0   10   20   30 Pieds

Sellier fils Sc.

Pl. III.

Habitation Rurale, troisieme Classe.

Voy. Pag. 141.

Plan Nº 1.

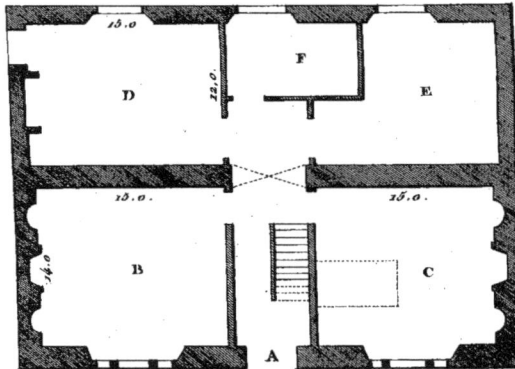

Plan Nº 2.

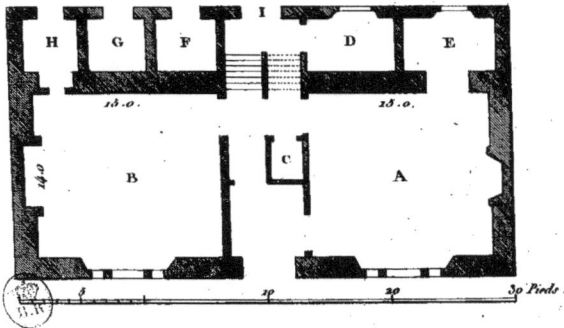

Salhier Sc.

Pl. IV.

Habitation Rurale, quatrieme Classe.

Voy. Pag. 144.

Plan Nº 1.

Plan Nº 2.

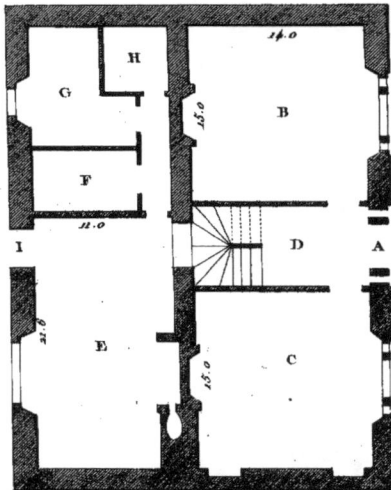

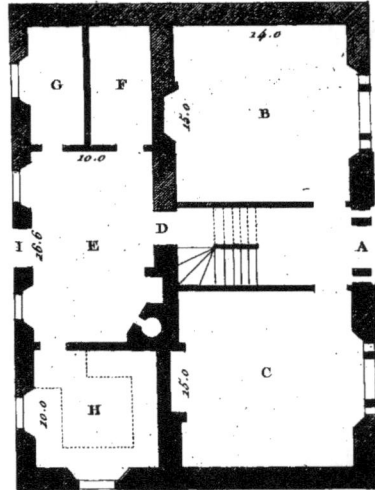

5   10   20   30 Pieds.

Sellier Sc.

Pl. V.

Petite Grange Angloise 9
Voyez Pag. 145.

Fig. 2.

Fig. 3.

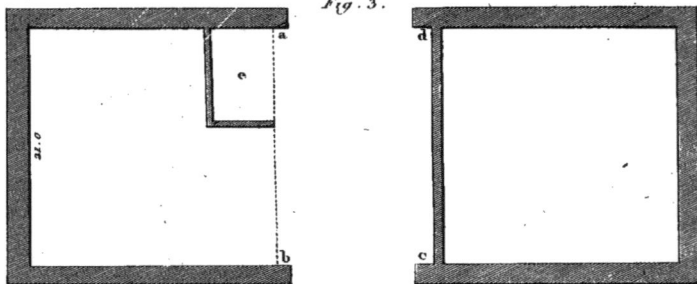

Meule de Forme oblongue.
Fig. 1.   *Page 39.*

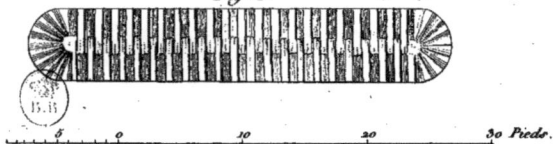

Sellier Sc.

Pl. VI.

Grange Angloise avec deux Aires à battre?

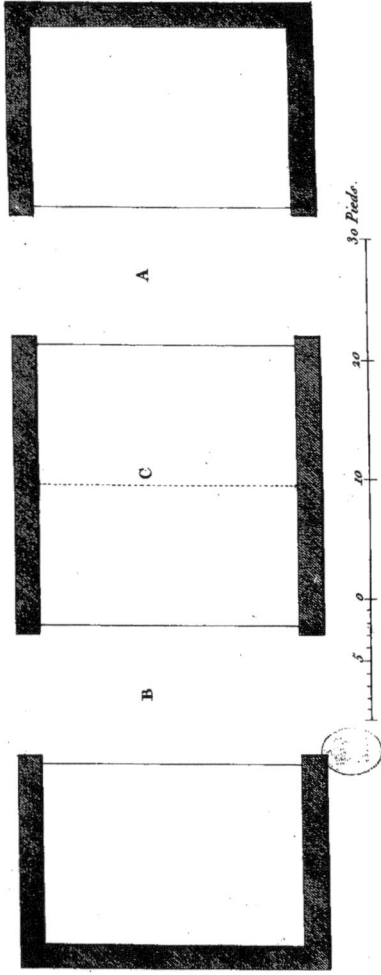

Voy. Pag. 146.

A

B

C

30 Pieds.

5   0   10   20   30

Sellier Sc.

Pl. VII.

Grange de Lord Muncaster dans le Cumberland ?

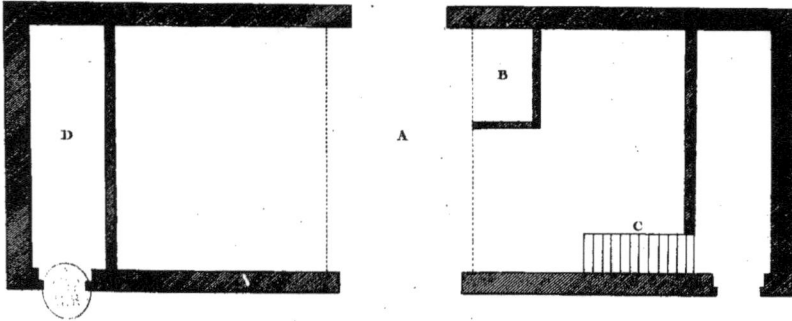

Voy. Pag. 146.

5   6   10   20   30 Pieds.

Sellier Sc.

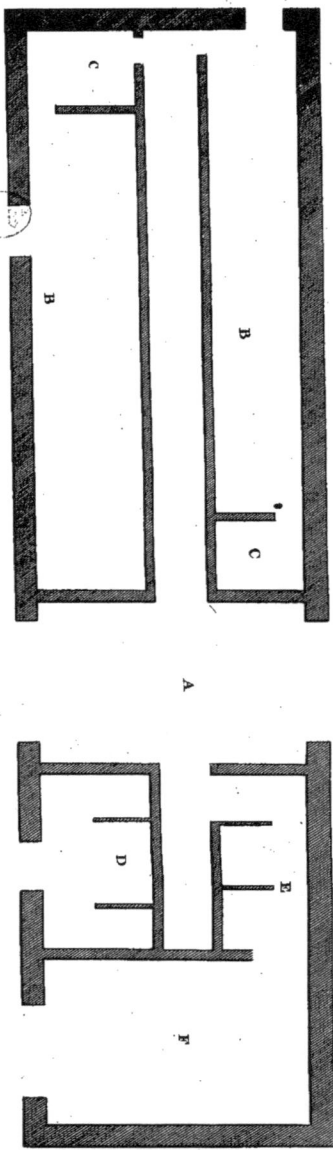

Fig. 2.

Grange de Mr Bayley's à Hope, auprès de Manchester.
Voy. Pag. 247.

C

B

C

B

A

D

E

F

5   0   10   20   30 Pieds.

Sellier Sc.

Pl. VIII.

Pl. IX.

Grange, avec une petite Machine à battre.
Voy. Pag. 147.

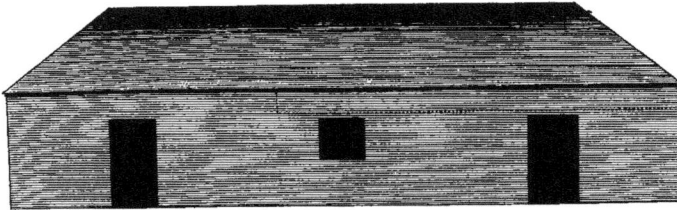

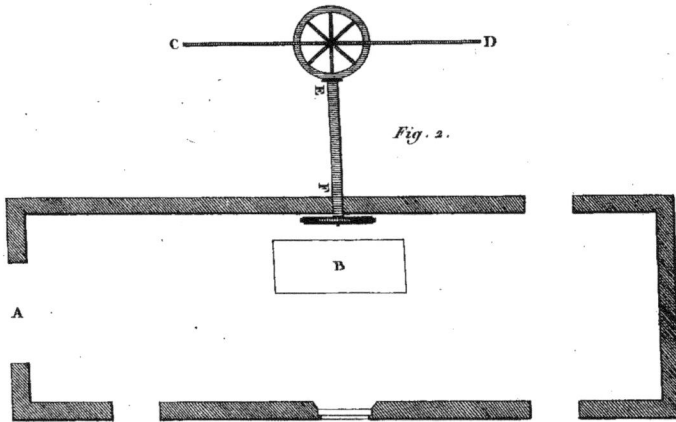

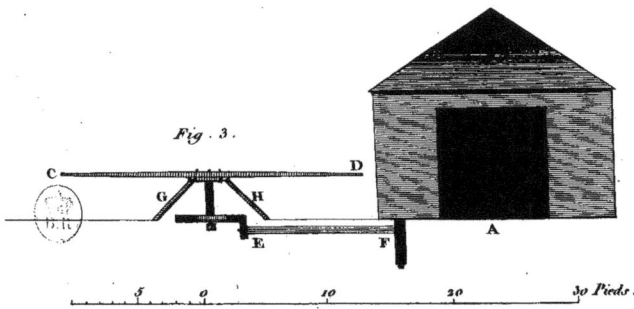

Fig. 1.

C — D

Fig. 2.

A

B

Fig. 3.

C — D

G   H

E   F   A

5   0   10   20   30 Pieds.

Sellier Sc.

Pl. X.

Fig. 3.

Fig.

10   20   30 Pieds.

Jetter Sc.

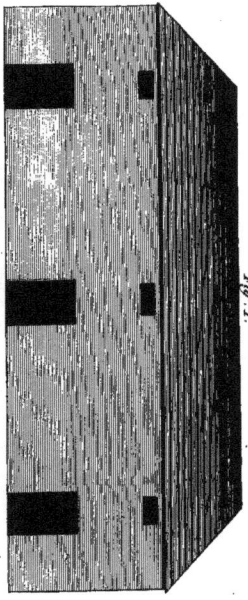

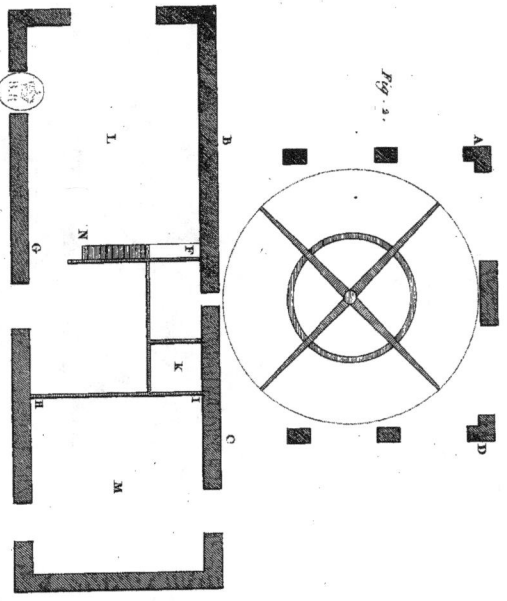

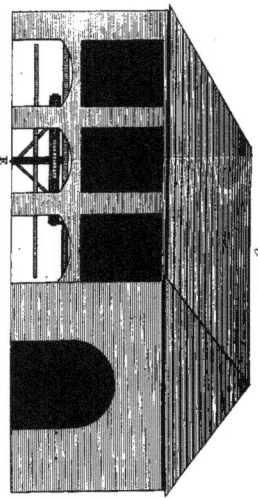

Fig. 1.

Fig. 2.

Fig. 3.

Grange, Grenier et Machine à Battre. Fig. Pag. 169.

Pl. X.

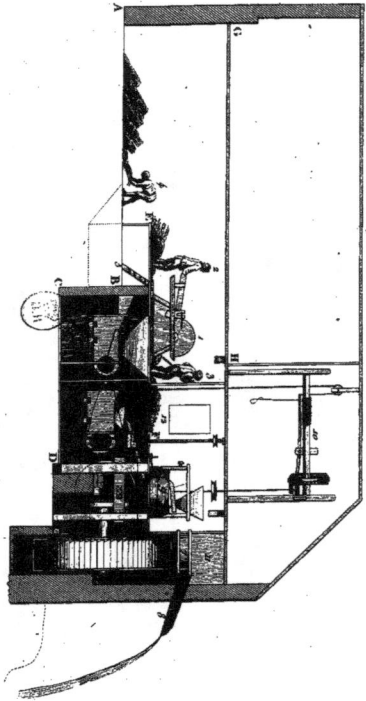

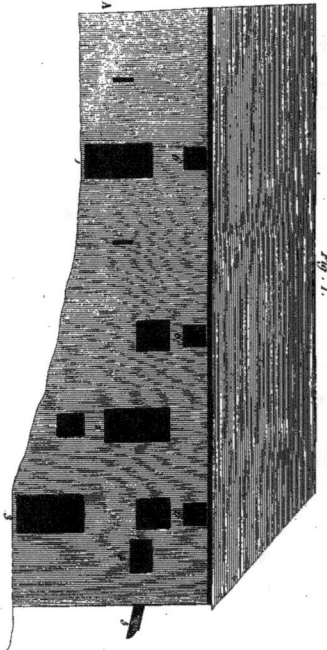

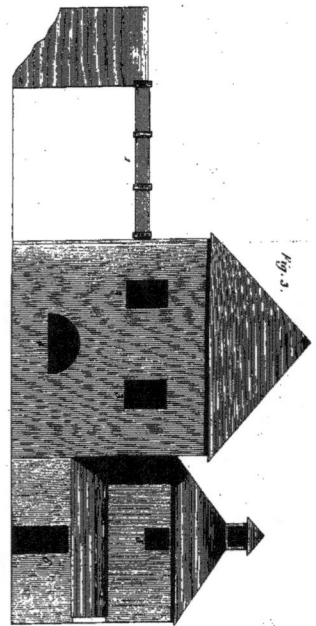

PL. XI.

Grange et Grenier, avec une Machine à battre, mue par l'Eau, et un Moulin à Moudre le Bled, à Kilric en Yorkshire. Pag. Pag. 26 et suiv.

Fig. 1.

Fig. 2.

Fig. 3.

Fig. 4.

Pl. XII.

Magasin à Bled.
Voy. Pag. 157.

Fig. 1.

Fig. 2.

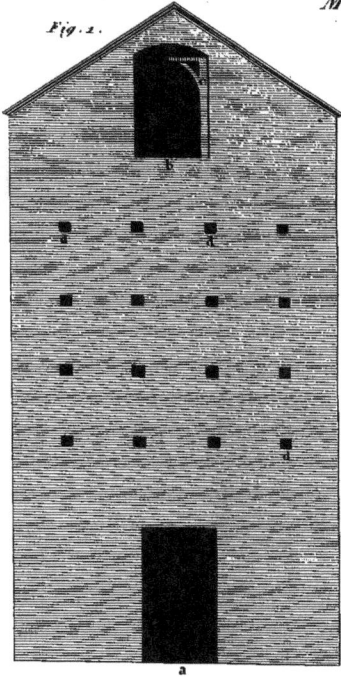

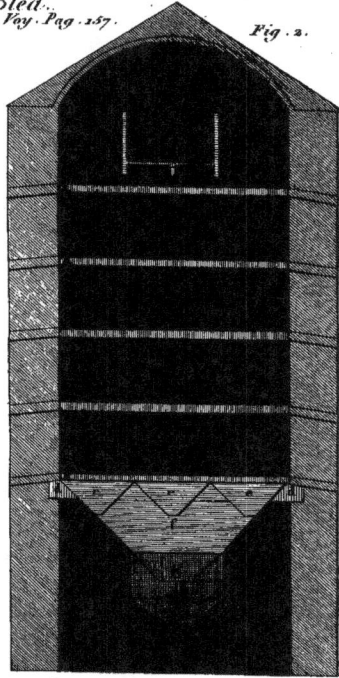

Fig. 3.

Fig. 4.

Fig. 5.

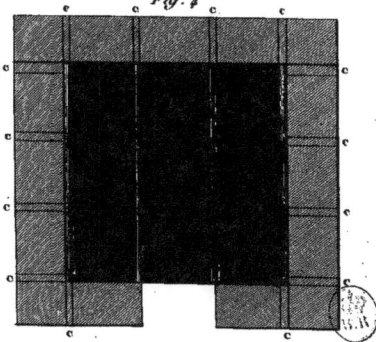

1 2 3 4 5 0   5   10   15 *Pieds.*

Sellier Sc.

Pl. XIII.

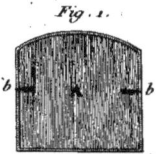

Fig. 1.

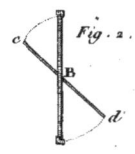

Fig. 2.

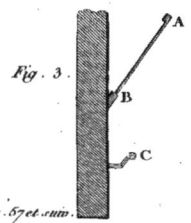

Fig. 3.

Parties intérieures des Stalles.
Voy. Pag. 57 et suiv.

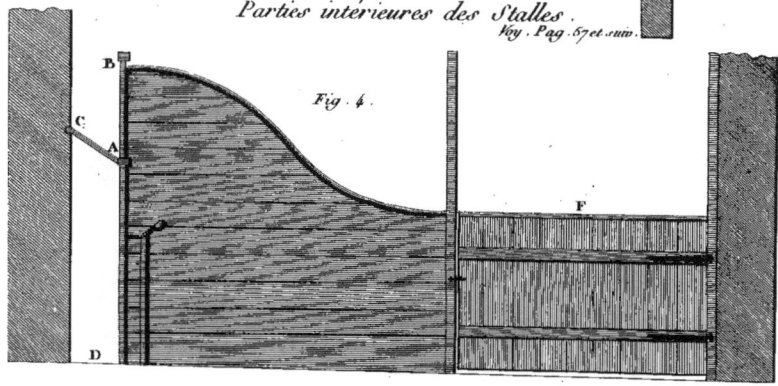

Fig. 4.

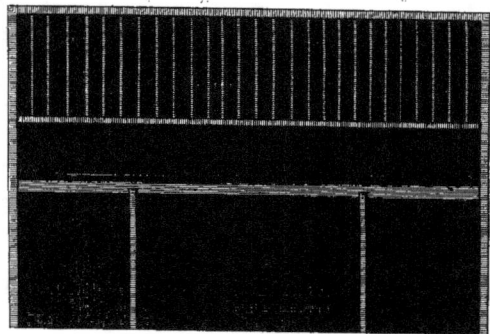

Fig. 5.

Râtelier
Voy. Pag. 59.

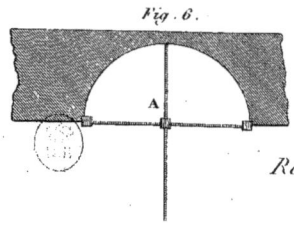

Fig. 6.

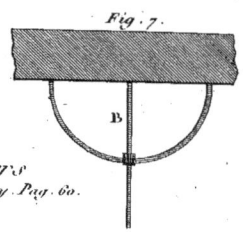

Fig. 7.

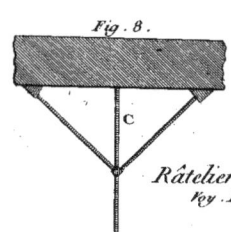

Fig. 8.

Râteliers
Voy. Pag. 60.

Râtelier
Voy. Pag. 60.

Sellier Sc.

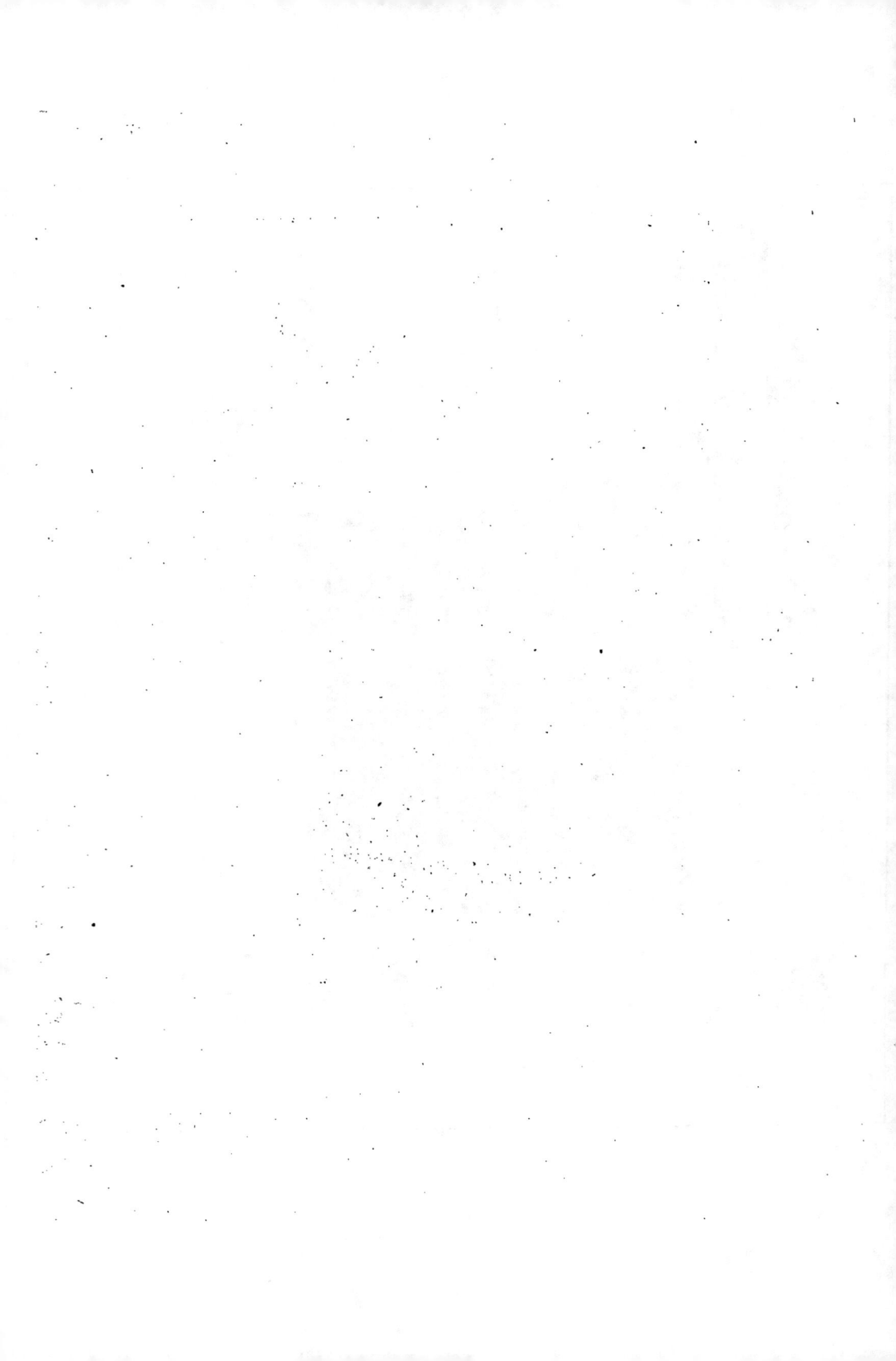

Pl. XIV.

Stalles

voyez pages 62 et 64.

Fig. 1.

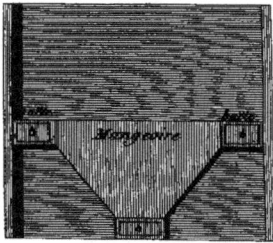

Fig. 2.

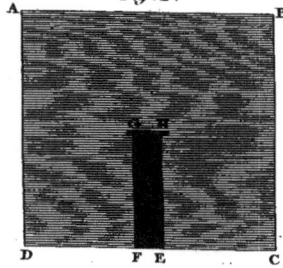

Coffre à Avoine
Fig. 5.   Page 68.

Fig. 3.

Fig. 4.

Abri pour les Bestiaux
Page 76.

Fig. 6.

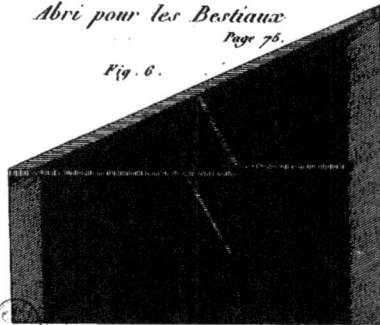

Sellier fils Sc.

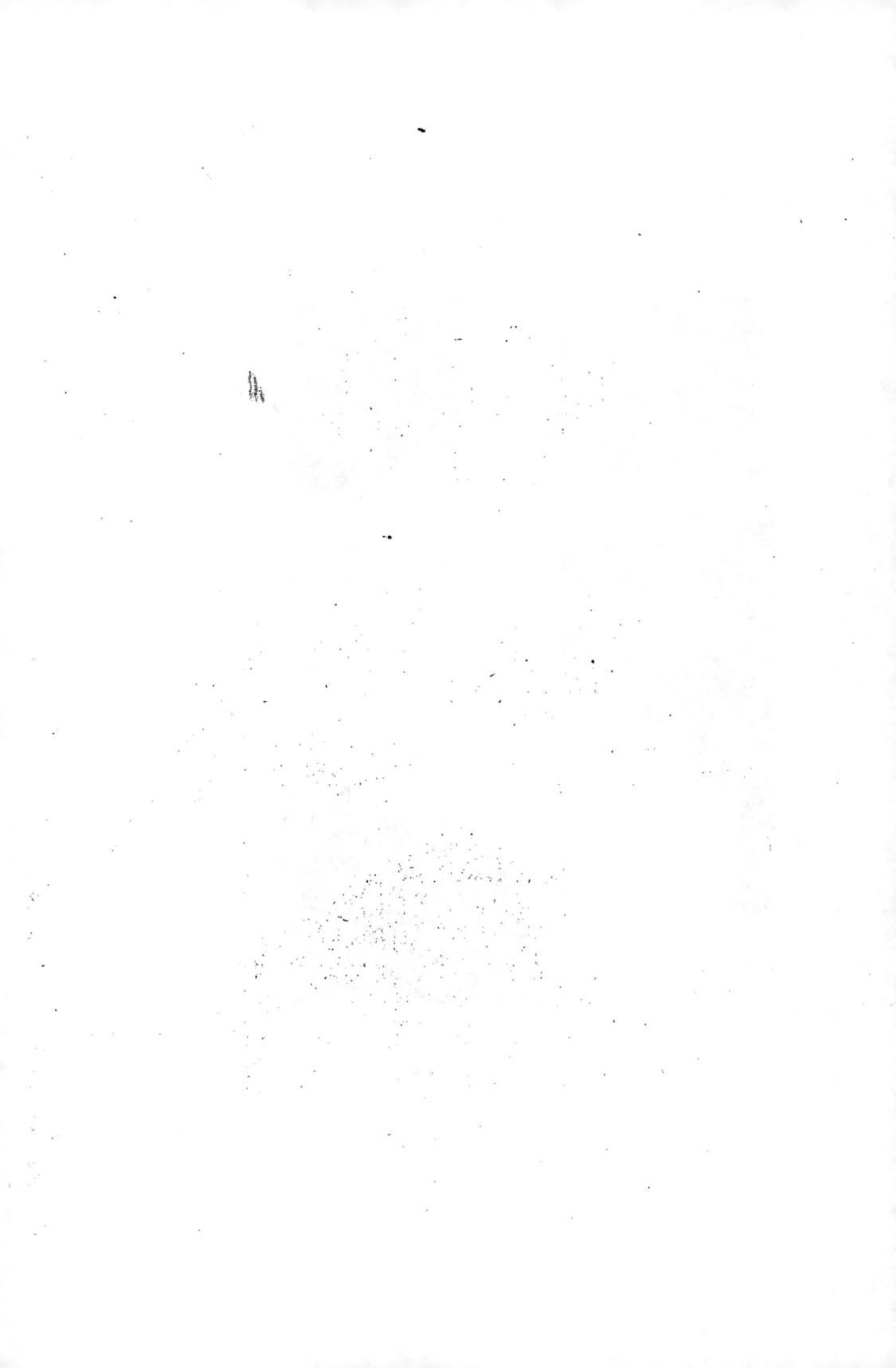

Pl. XV.

Etables
Voy. Pag. 75 et 76.

Fig. 1.

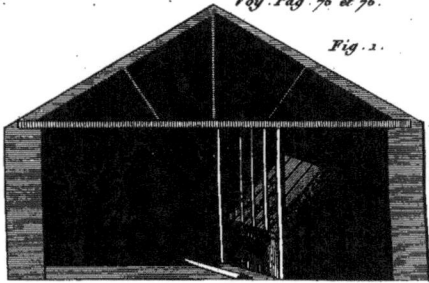

Fig. 2.

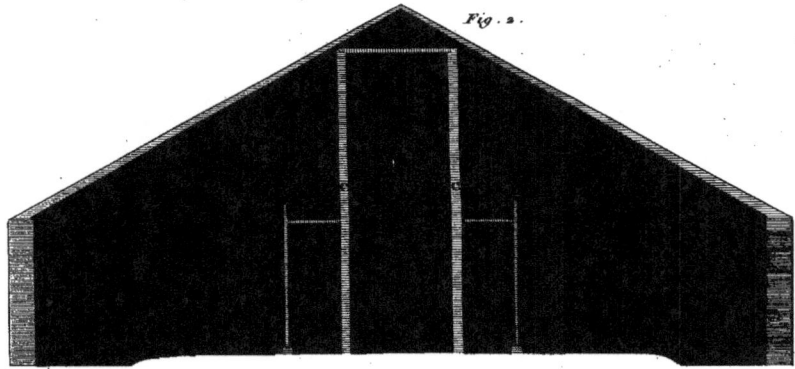

Fig. 3.

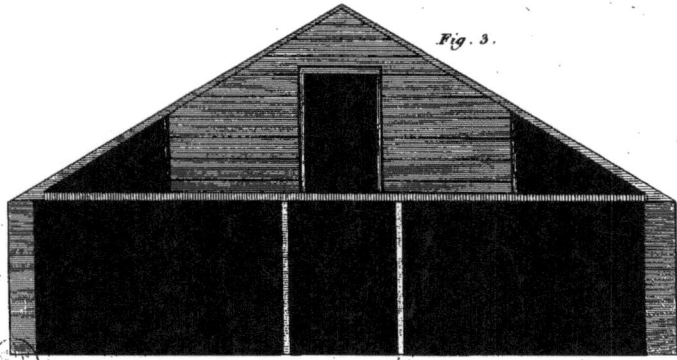

Sellier Sc.

Pl. XVI.

Parties des Etables.

Voy. Pag. 78 et 80.

Fig. 1.

Fig. 2.

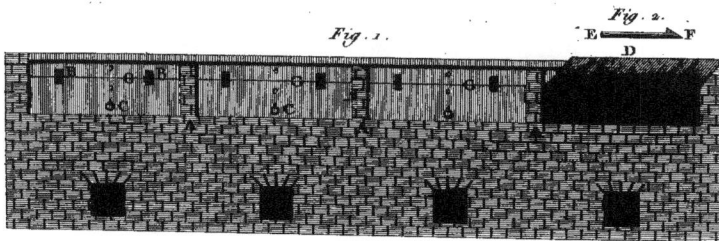

Fig. 3.

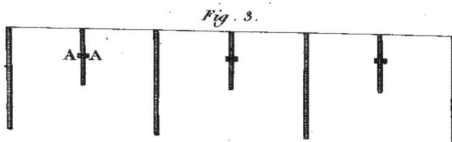

Stalles.

Fig. 4.

Voy. Pag. 80.

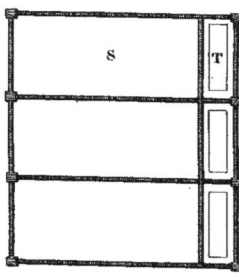

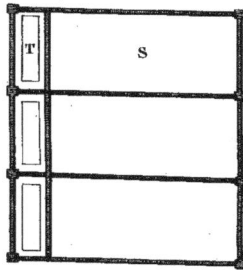

Fig. 5.

Fig. 6.

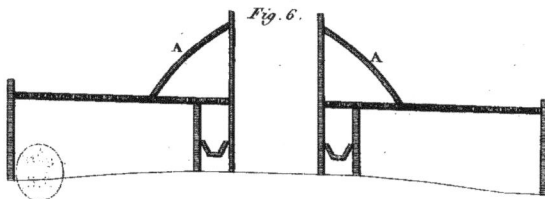

Sellier fils Sc.

Pl. XVII.

Stalles

Voy. Pag. 81.

Fig. 1.

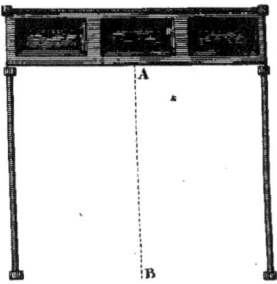

Fig. 2.

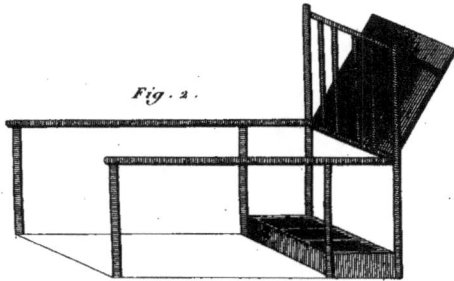

Fig. 3.

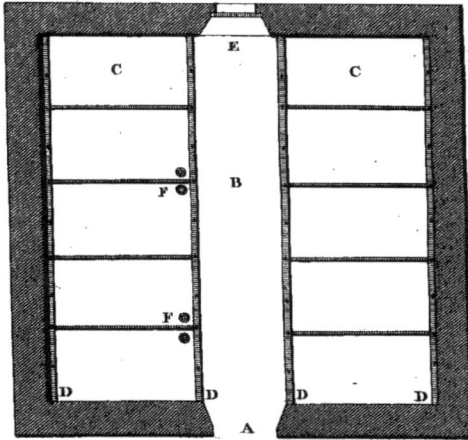

Loges à Veaux.

Voy. Pag. 88.

Fig. 4.

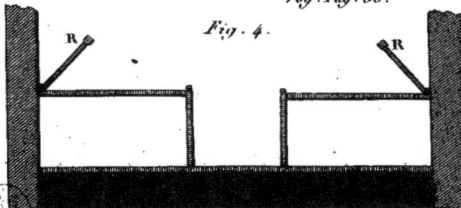

Sellier Sc.

Pl. XVIII.

Laiterie
Page 104.

Fig. 1.

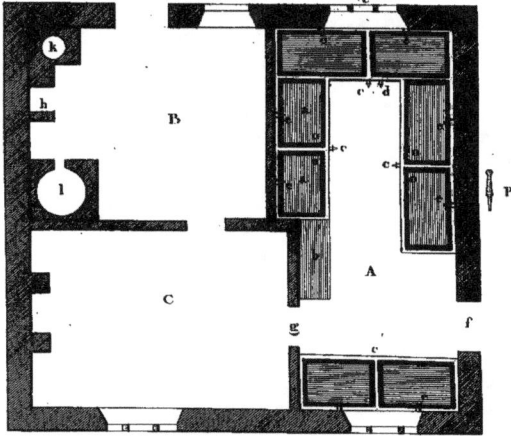

Fig. 2.

Chaudiere à vapeur,
Page 128.

Fig. 8.

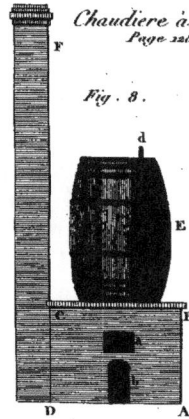

Fig. 3.

Fig. 4.

Fig. 5.

Fig. 7.

Auges à Porc.
Page 116.

Fig. 6.

Fig. 9.

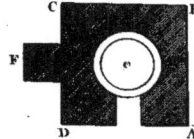

Sellier Sc.

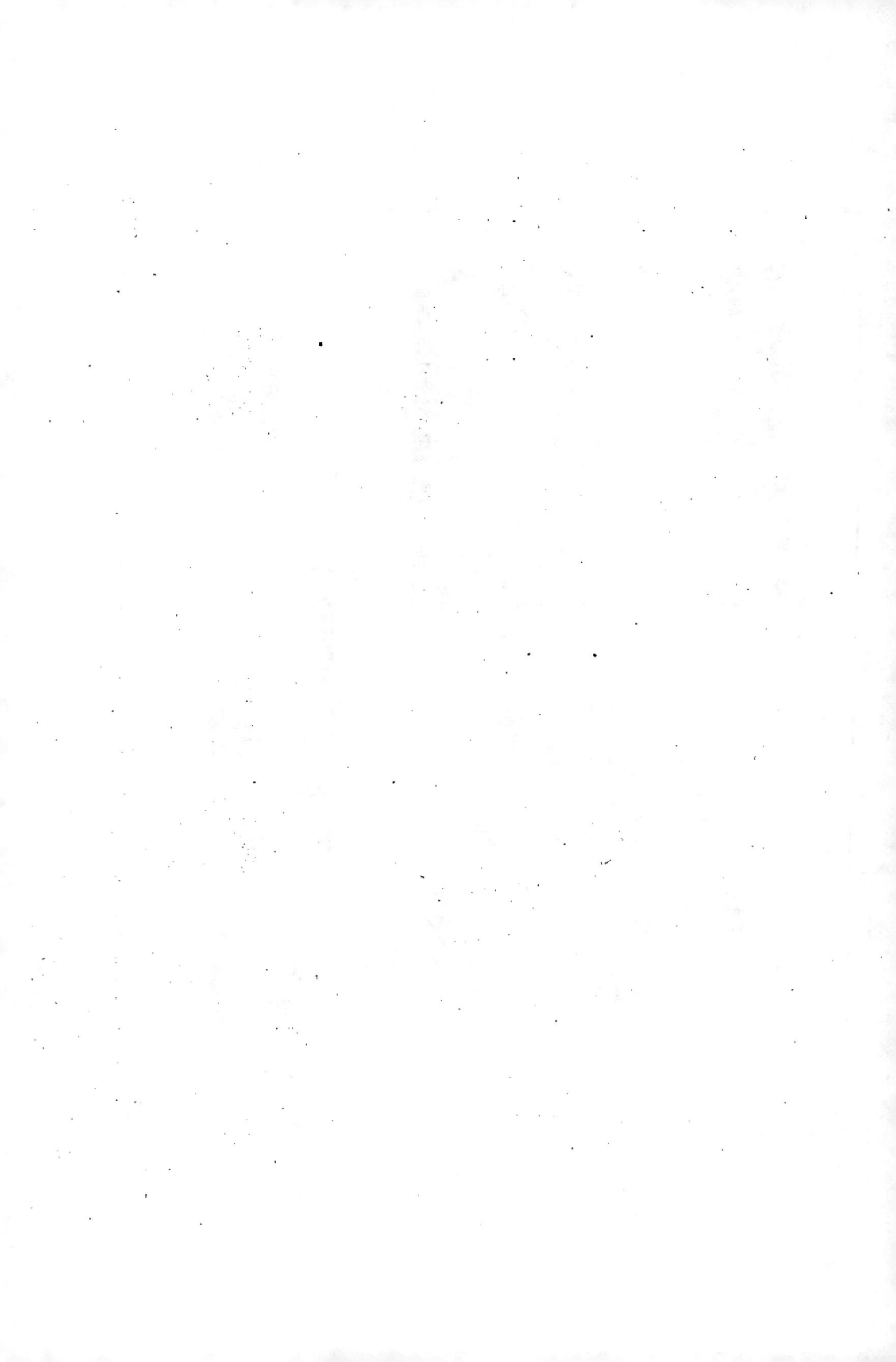

Pl. XIX.

Dessin d'une Habitation Rurale avec ses Dépendances.

Voy. Pag. 163 et suiv.

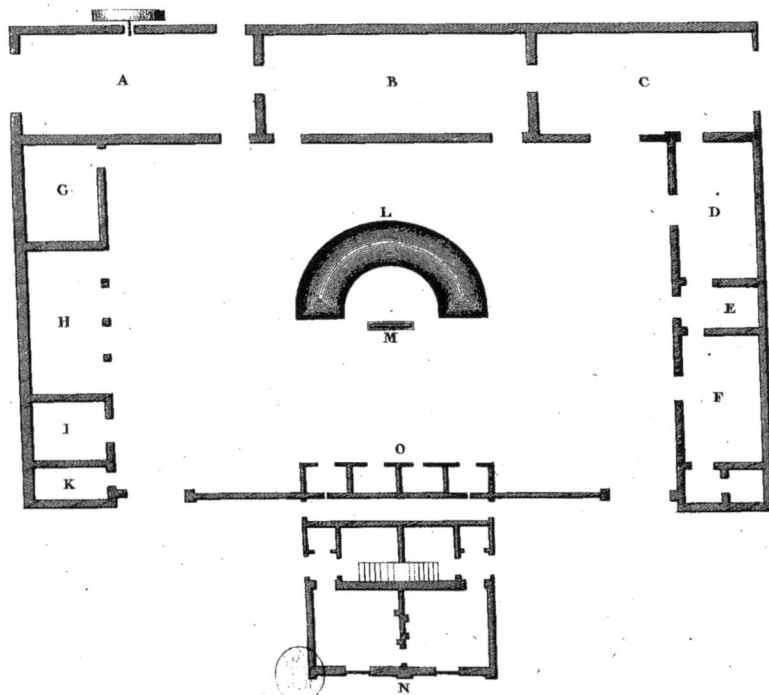

A   B   C

G   D

H   L   E

M

I   F

K

O

N

5 0   10   20   30   40   50   60   70 Pieds.

Sellier Sc.

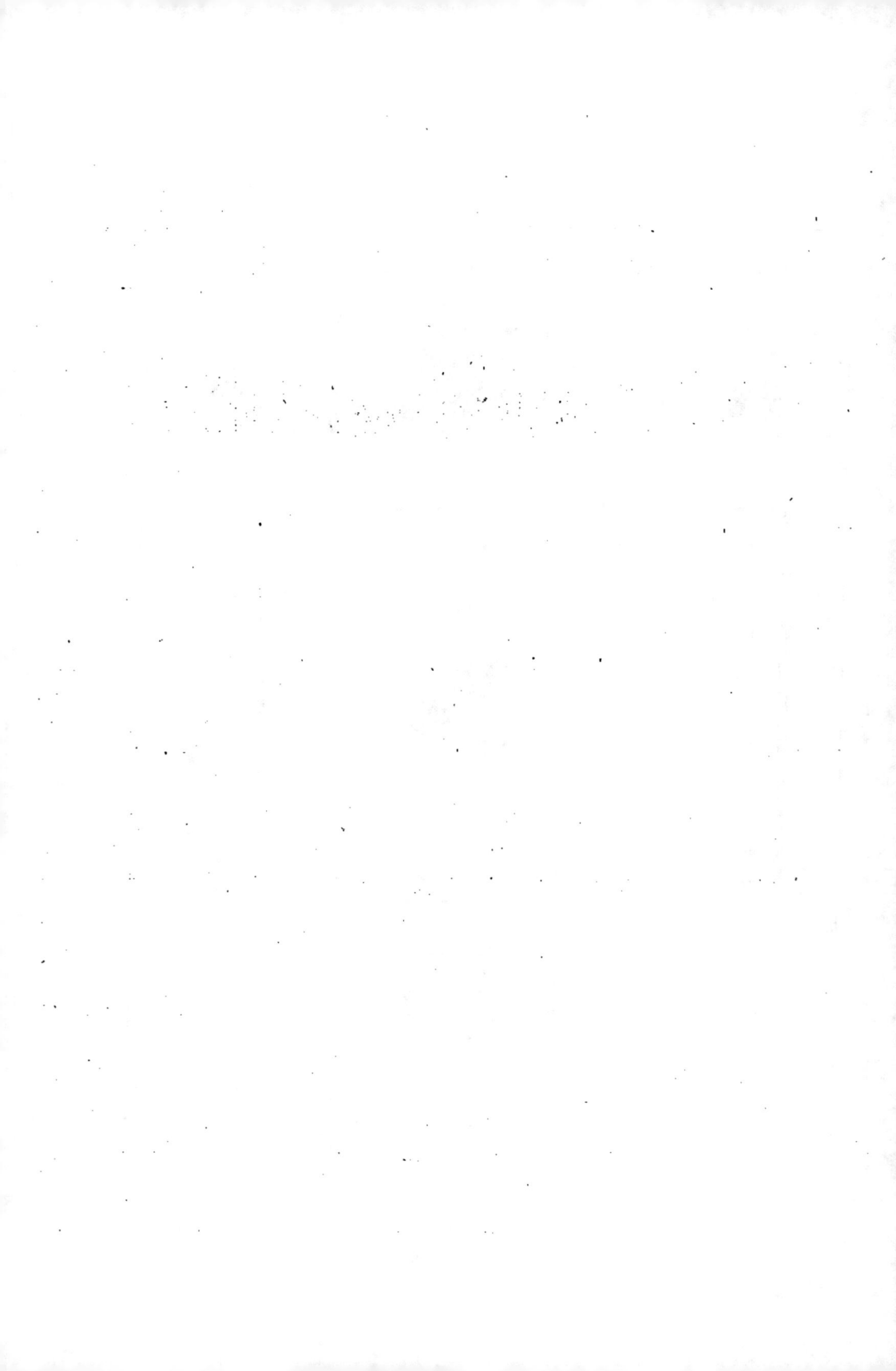

Pl. XX.

Dessin d'une Habitation Rurale à deux Cours, avec ses dépendances.

Voy. Pag. 167 et suiv.

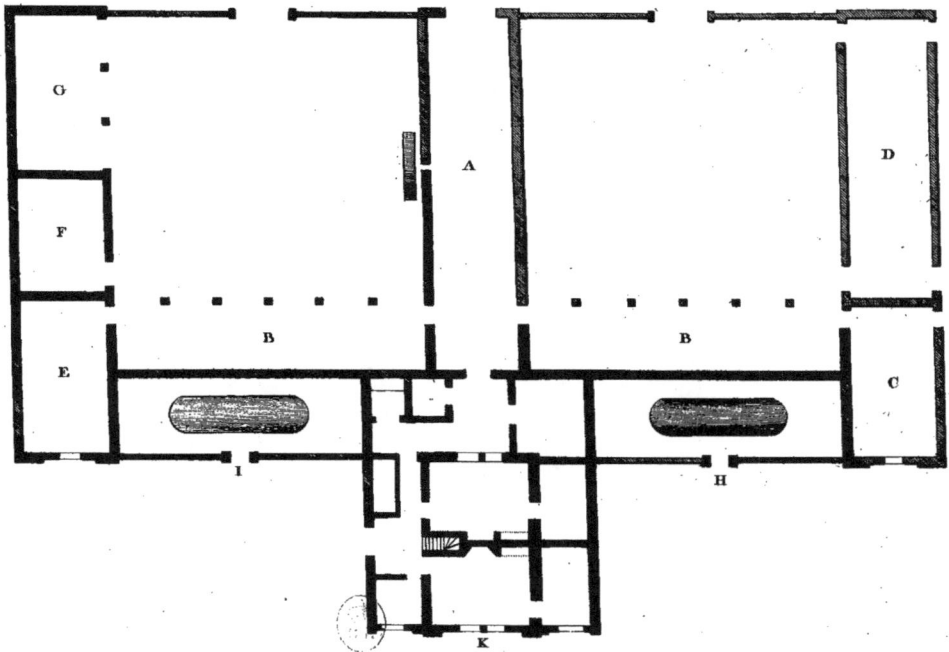

5   10   20   30   40   50   60   70 Pieds.

Sellier Sc.

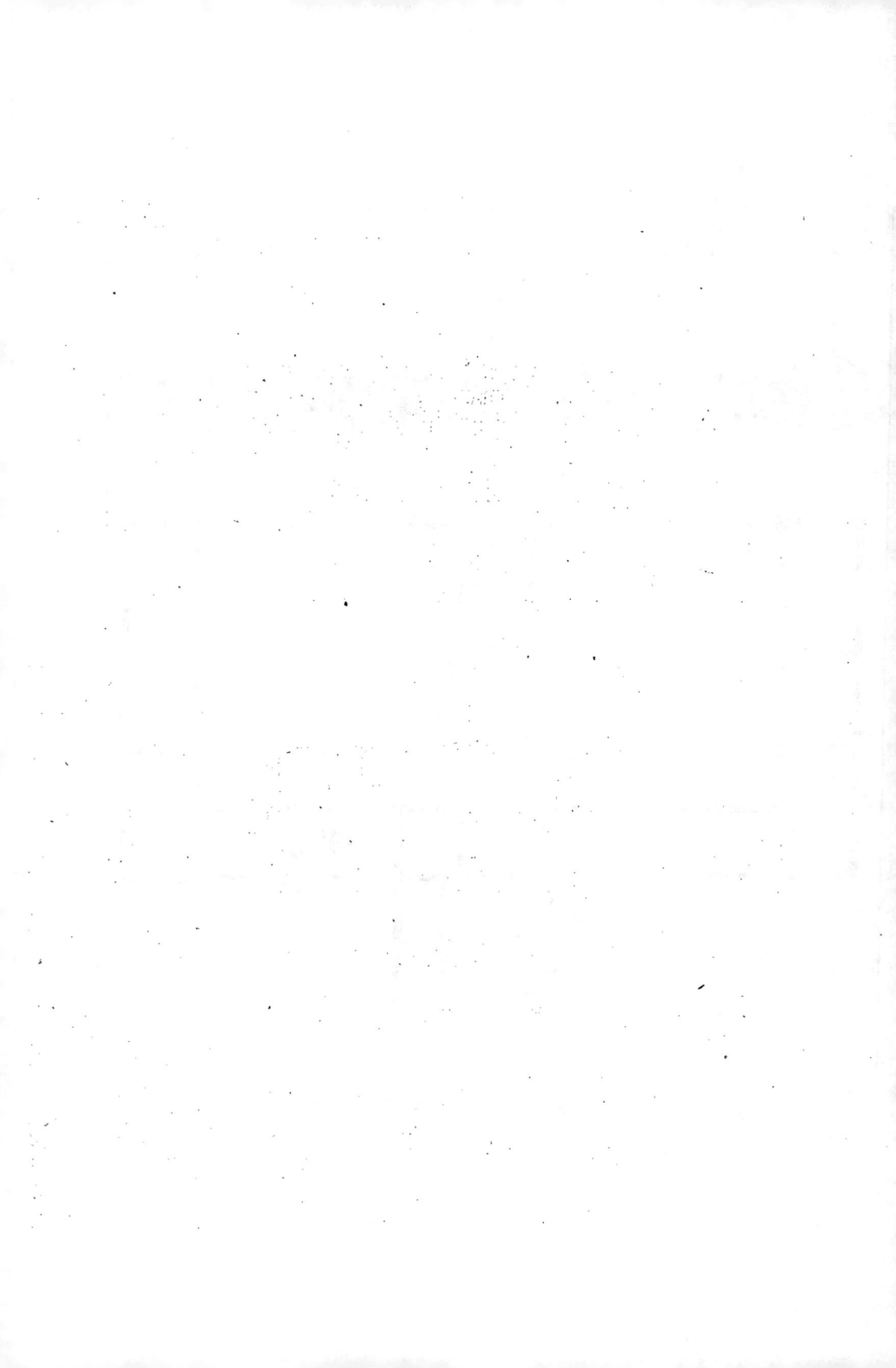

Habitation d'un Fermier .

Voy. Pag . 177 et suiv .

Echelle de 12 Pieds .

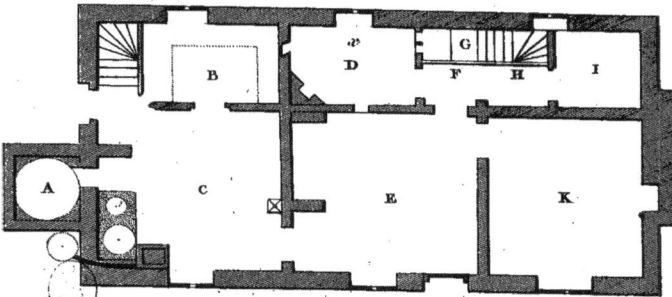

A . Four .   E . Cuisine .   I . Garde Manger .
B . Laiterie .   F . Passage .   K . Chambre .
C . Cuisine ou Buanderie . G . Chambre aux provisions . L . Pompe .
D . Chambre .   H . Escalier .

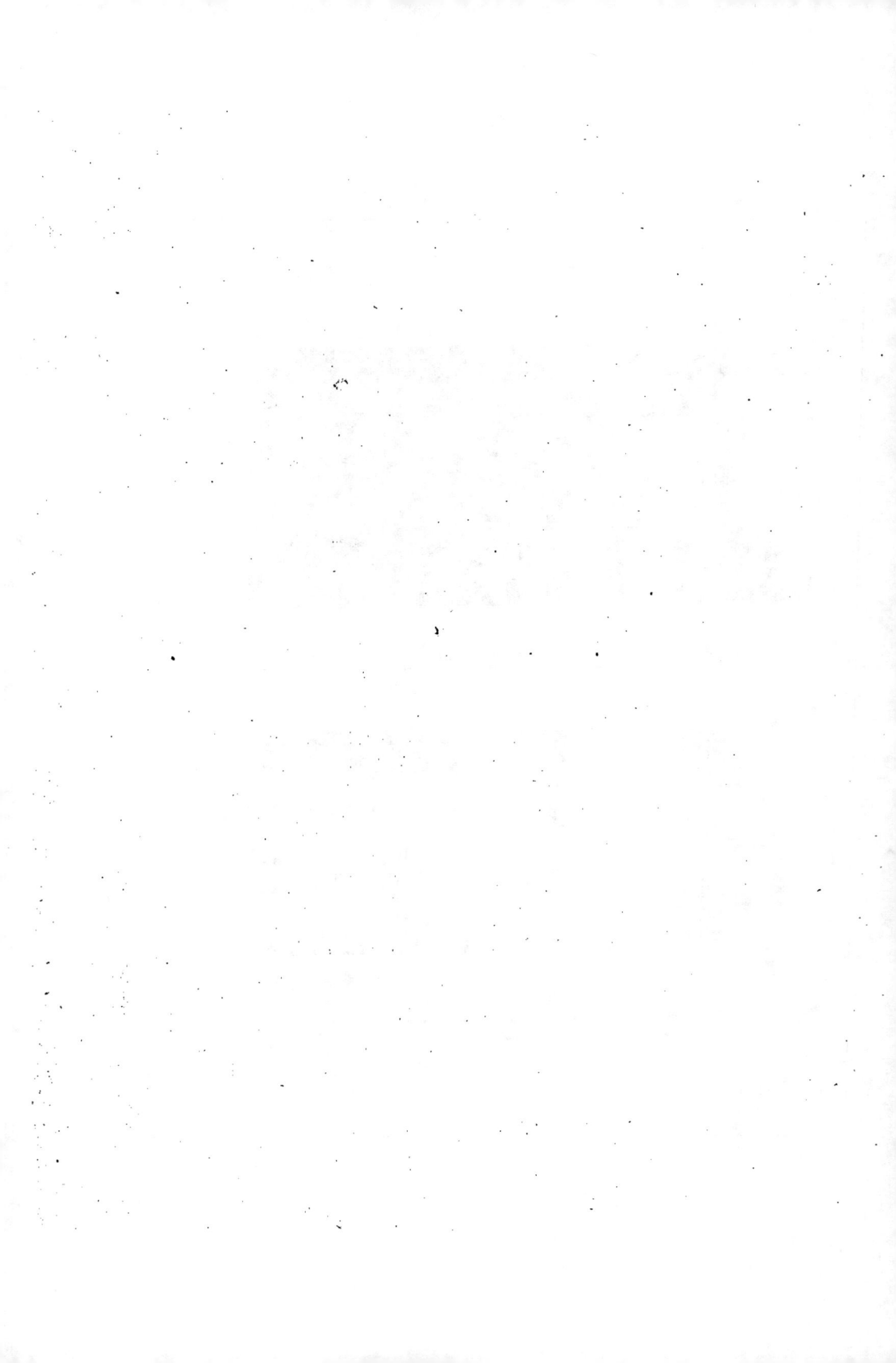

Pl. XXII.

Habitation Rurale, avec ses dépendances.

Voy. Pag. 177 et suiv.

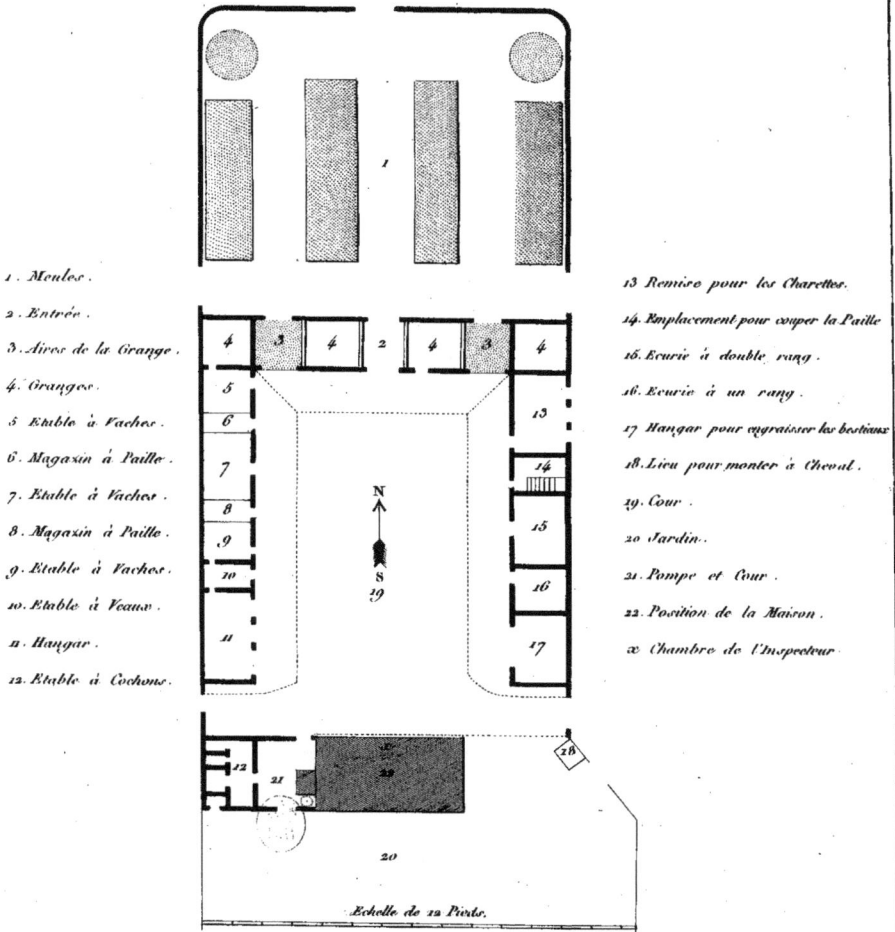

1. Meules.
2. Entrée.
3. Aires de la Grange.
4. Granges.
5. Etable à Vaches.
6. Magasin à Paille.
7. Etable à Vaches.
8. Magasin à Paille.
9. Etable à Vaches.
10. Etable à Veaux.
11. Hangar.
12. Etable à Cochons.

13. Remise pour les Charettes.
14. Emplacement pour couper la Paille.
15. Ecurie à double rang.
16. Ecurie à un rang.
17. Hangar pour engraisser les bestiaux.
18. Lieu pour monter à Cheval.
19. Cour.
20. Jardin.
21. Pompe et Cour.
22. Position de la Maison.
x. Chambre de l'Inspecteur.

Echelle de 12 Pieds.

Sellier Sc.

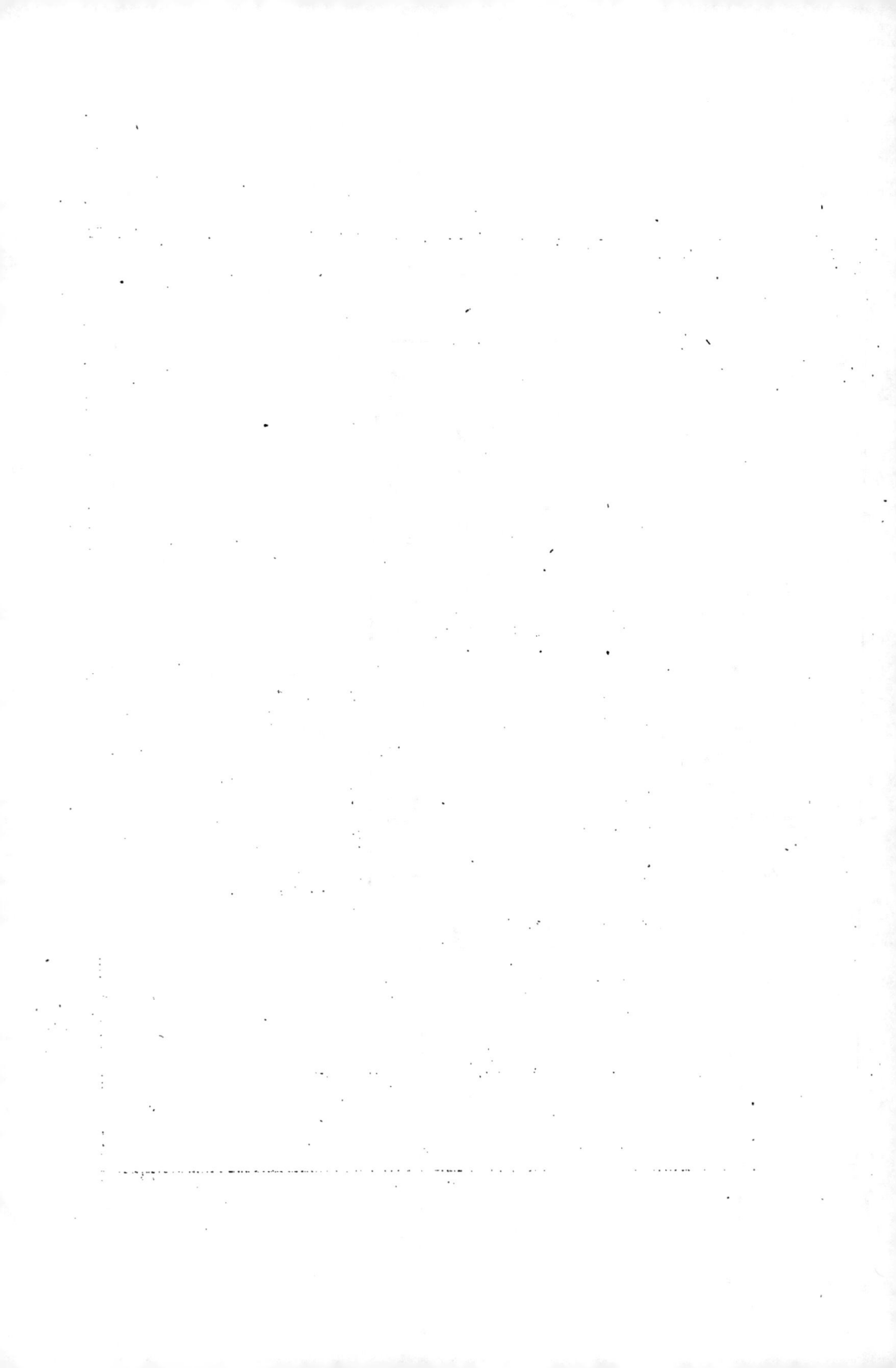

Constructions Rurales

Voy. Pag. 181 et suiv.

I Abreuvoir
II Compost

A Hangard pour engraisser les Bestiaux.
B Lieu de promenade.
C Coté des Granges.
D Aire des Granges.
E Etable à Vaches.
F Petit Magazine à Paille.

G Etable à Veaux.
H Etable à Bœufs.
I Ecurie.
K Poële où l'on coupe la Paille, &c.
L Remise.
M Petite Etable.

N Ecurie aux Poulains.
O Poulailler.
P Etable à Porcs.
Q Abri.
R Petite Mare.
X et Y. Rigole.

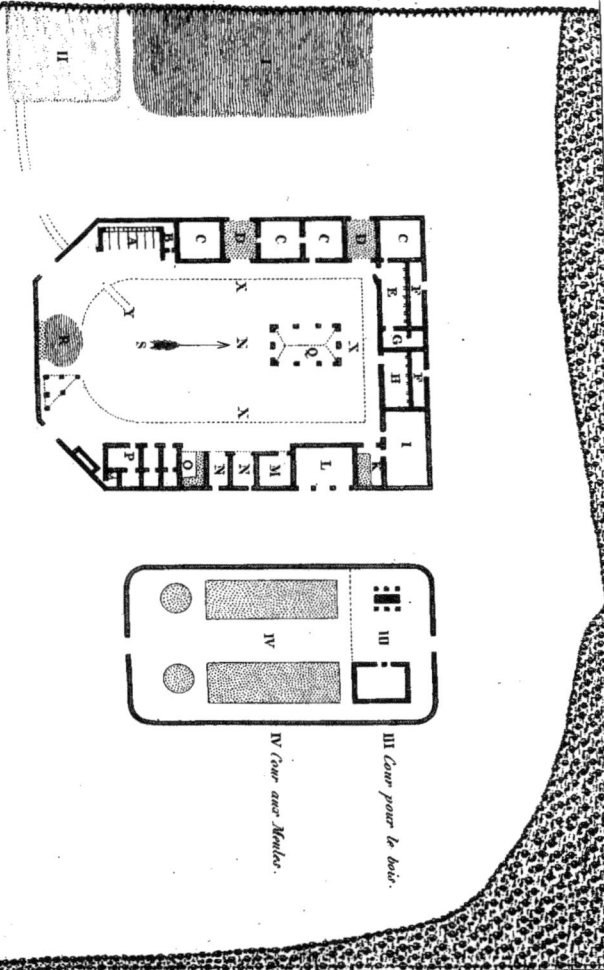

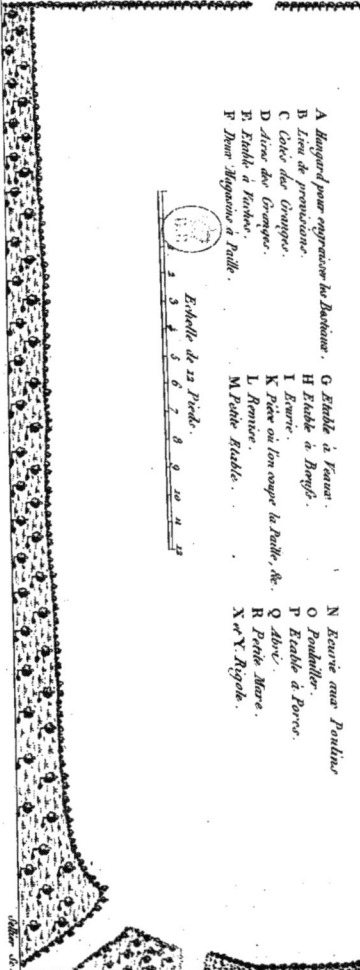

Echelle de 12 Pieds.

1 2 3 4 5 6 7 8 9 10 11 12

III Cour pour le bois.

IV Cour aux Meules.

Pl. XLVIII

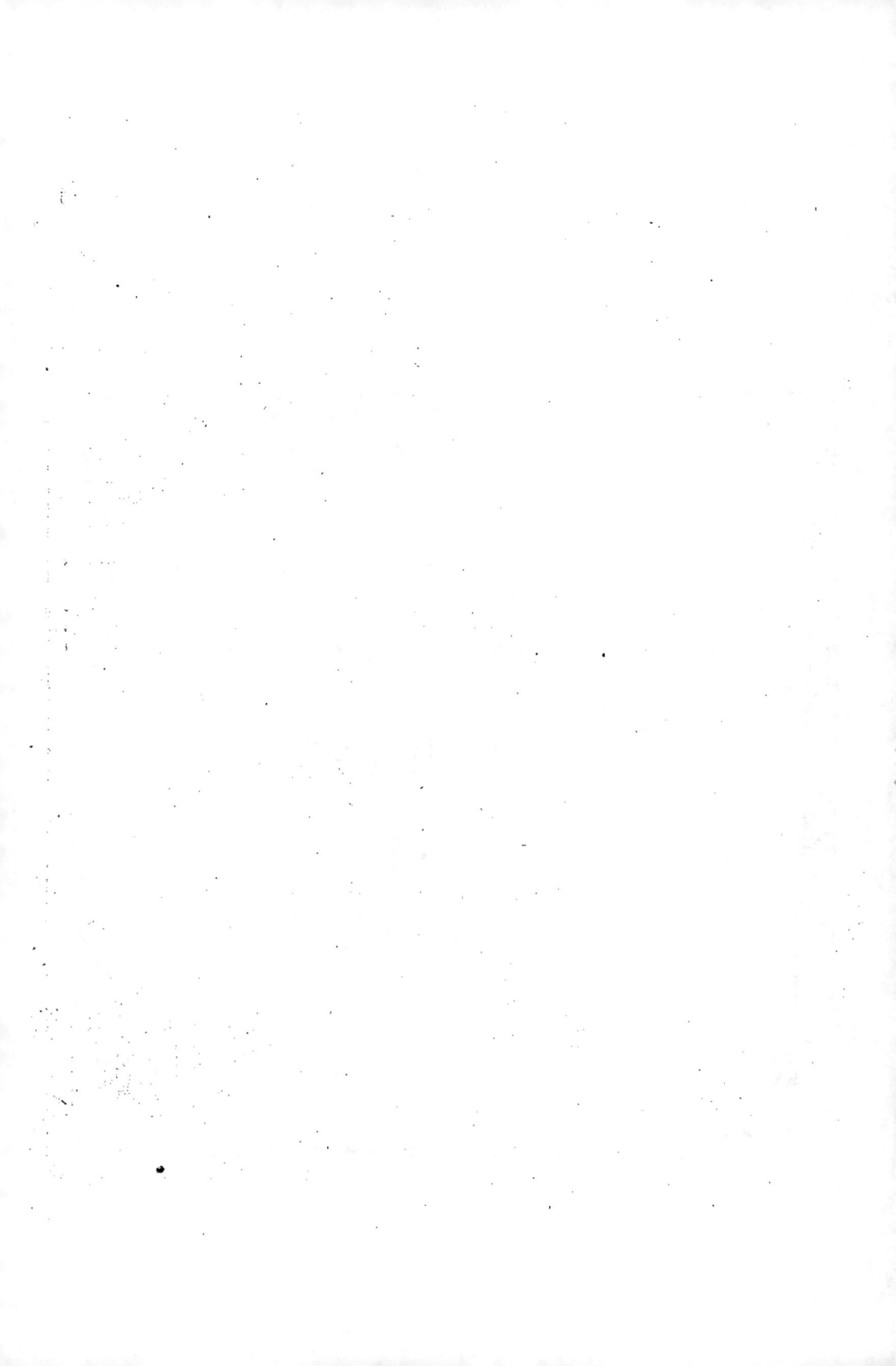

Pl. XXIV.

Habitation et autres Bâtimens d'une Ferme.

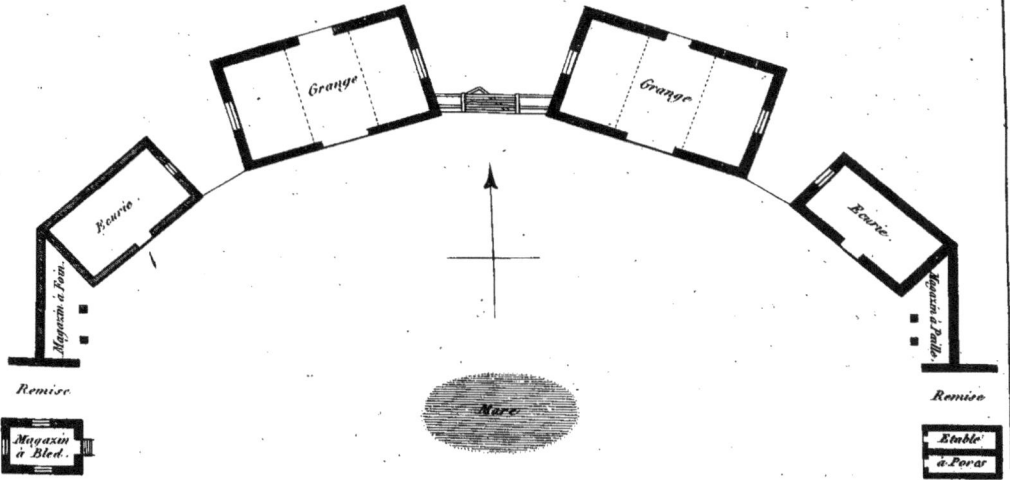

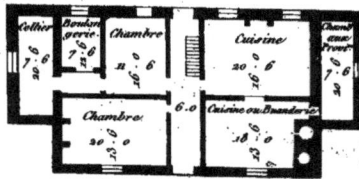

Voy. Pag. 290.

Grange

Grange

Ecurie

Ecurie

Magazin à Foin

Magazin à Paille

Remise

Remise

Mare

Magazin à Bled.

Etable à Porcs

Cellier

Boulangerie

Chambre

Cuisine

Chambre aux Fruits

Chambre

Cuisine ou Buanderie

10 5 0 10 20 30 40 50 60 70 80 Pieds.

Sellier Sc.

Pl. XXV.

Habitation et autres   *Bâtimens d'une Ferme.*

Voy. Pag. 190.

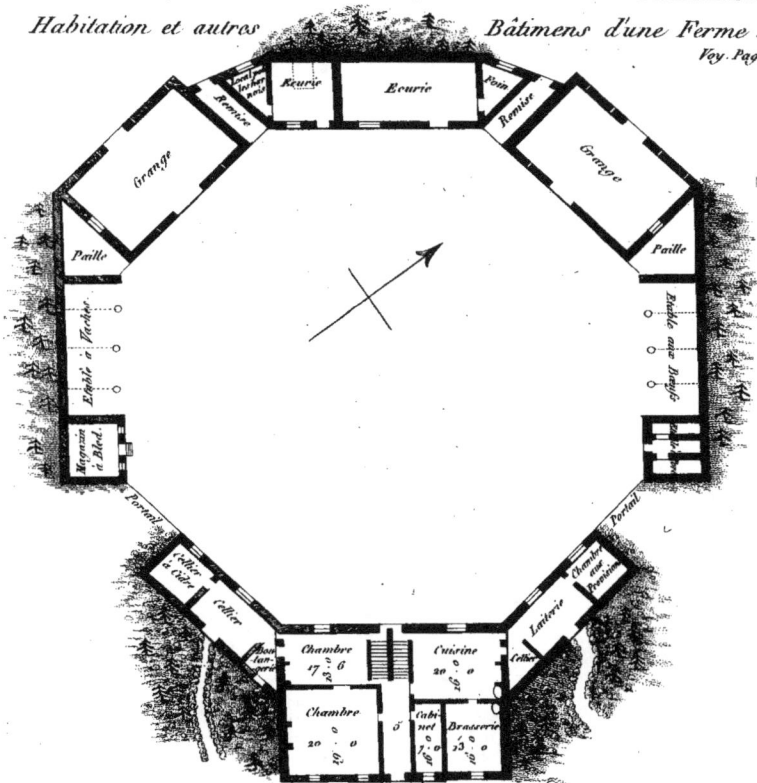

10 5 9   10   20   30   40   50   60   70   80   90 *Pieds.*

Sellier Sc.

Pl. XXVI.

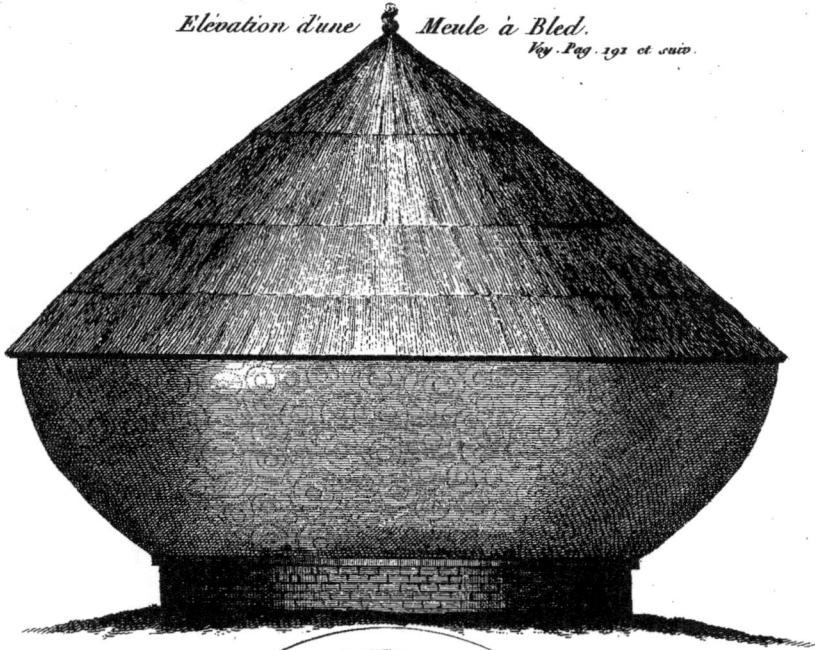

Elévation d'une Meule à Bled.

Voy. Pag. 191 et suiv.

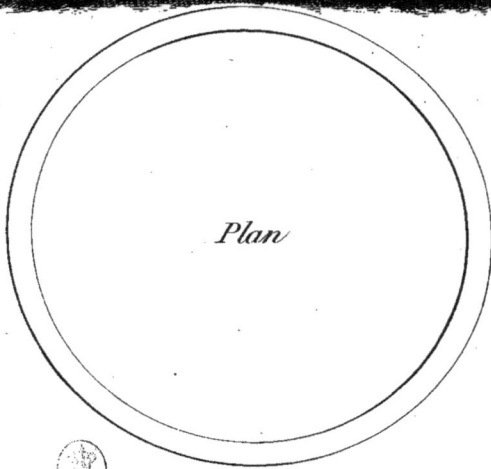

Plan

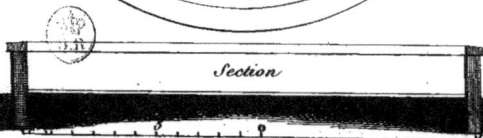

Section

Sellier Sc.

Pl. XXVII.

Elévation de deux Chaumières réunies.

Voy. Pag. 196 et suiv.

Longueur ...... 45.6.

Premier Etage.

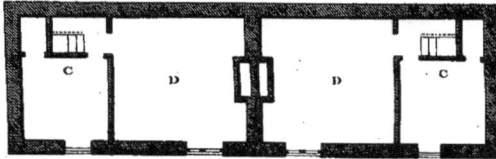

C   D   D   C

Jardin de 20 Verges.   *Jardin de 20 Verges.*

Rez de Chaussée.

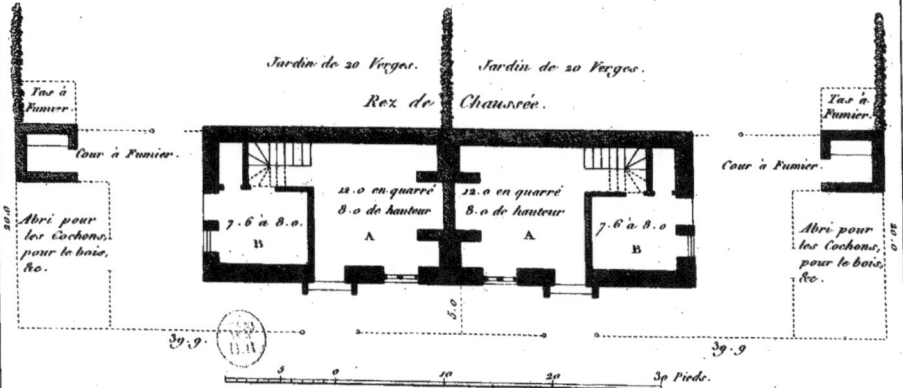

Tas à Fumier.   *Tas à Fumier.*

Cour à Fumier.   *Cour à Fumier.*

Abri pour les Cochons, pour le bois, &c.

12.0 en quarré
8.0 de hauteur

12.0 en quarré
8.0 de hauteur

7.6 à 8.0   7.6 à 8.0

B   A   A   B

Abri pour les Cochons, pour le bois, &c.

39.9   39.9

5   10   20   30 Pieds.

Sellier fils Sc.

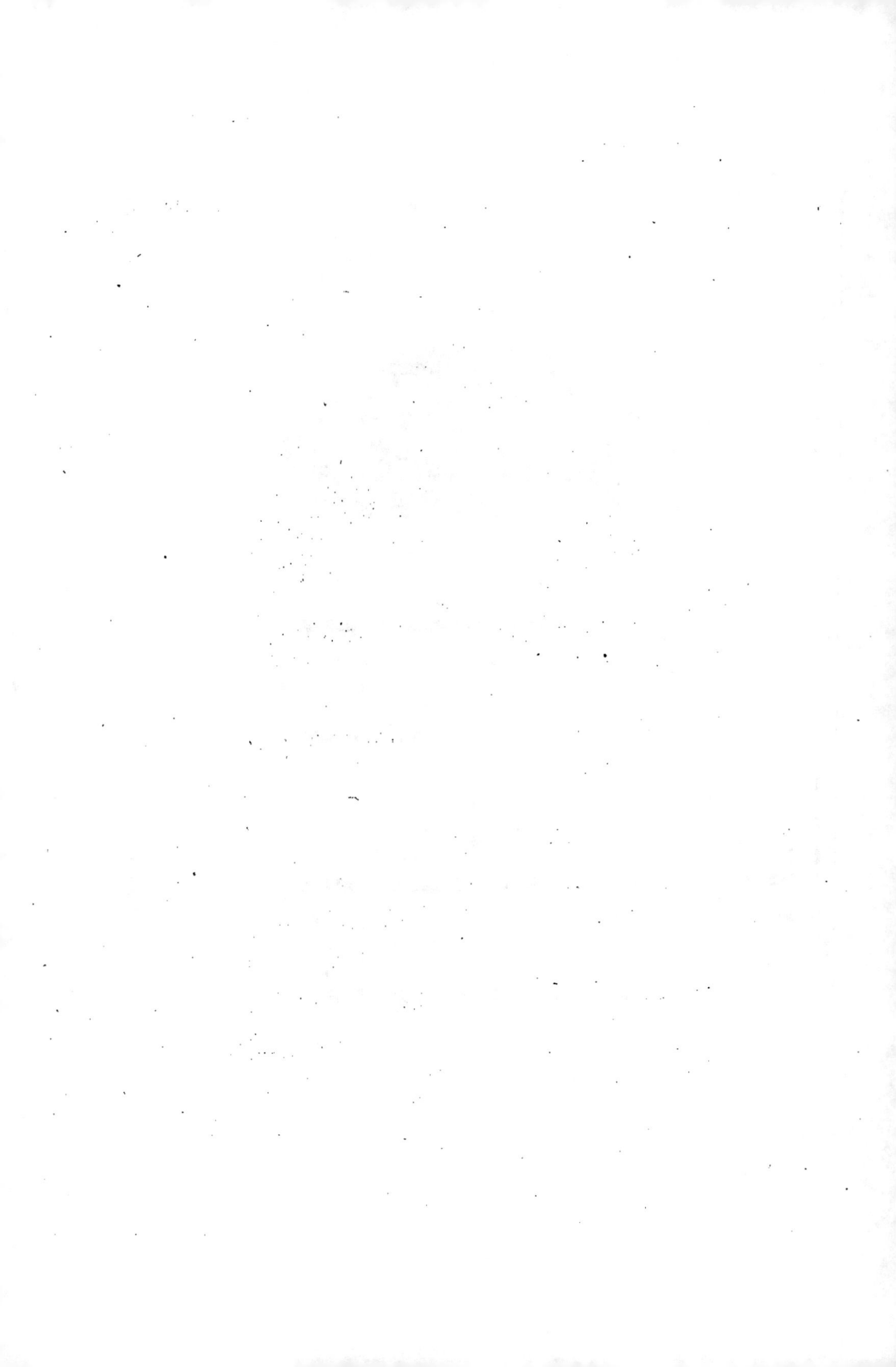

Pl. XXVIII.

Voy. Pag. 206.

Fig. 1.

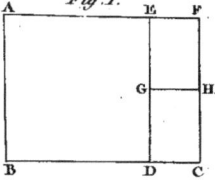

Fig. 2.

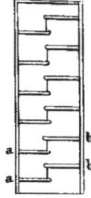

Degrés
Voy. Pag. 210.

Fig. 3.

Petites Chaumières
Page 197.

Fig. 7.

Fig. 4.

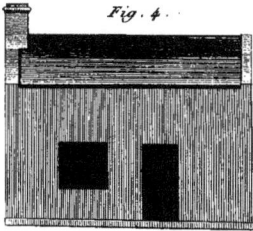

Fig. 5.

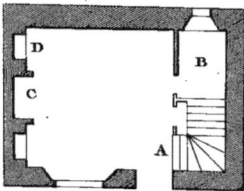

Fig. 8.

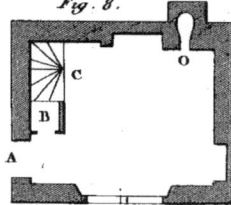

Fig. 6.

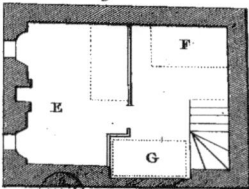

Fig. 9.

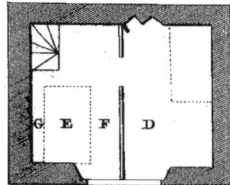

5   0   10   20   30 Pieds.

Sellier Sc.

Chaumière double.
Voy. Pag. 218.

Fig. 1.

Fig. 2.

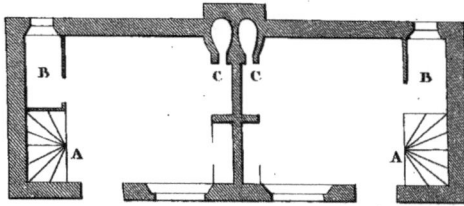

Fig. 3.

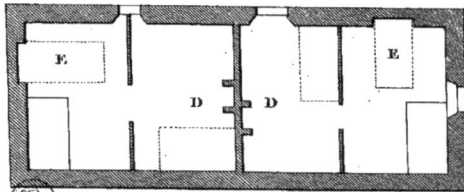

5   0   10   20   30 Pieds.

Sellier Sc.

Fig. 1.

Fig. 2.

Fig. 3.

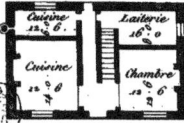

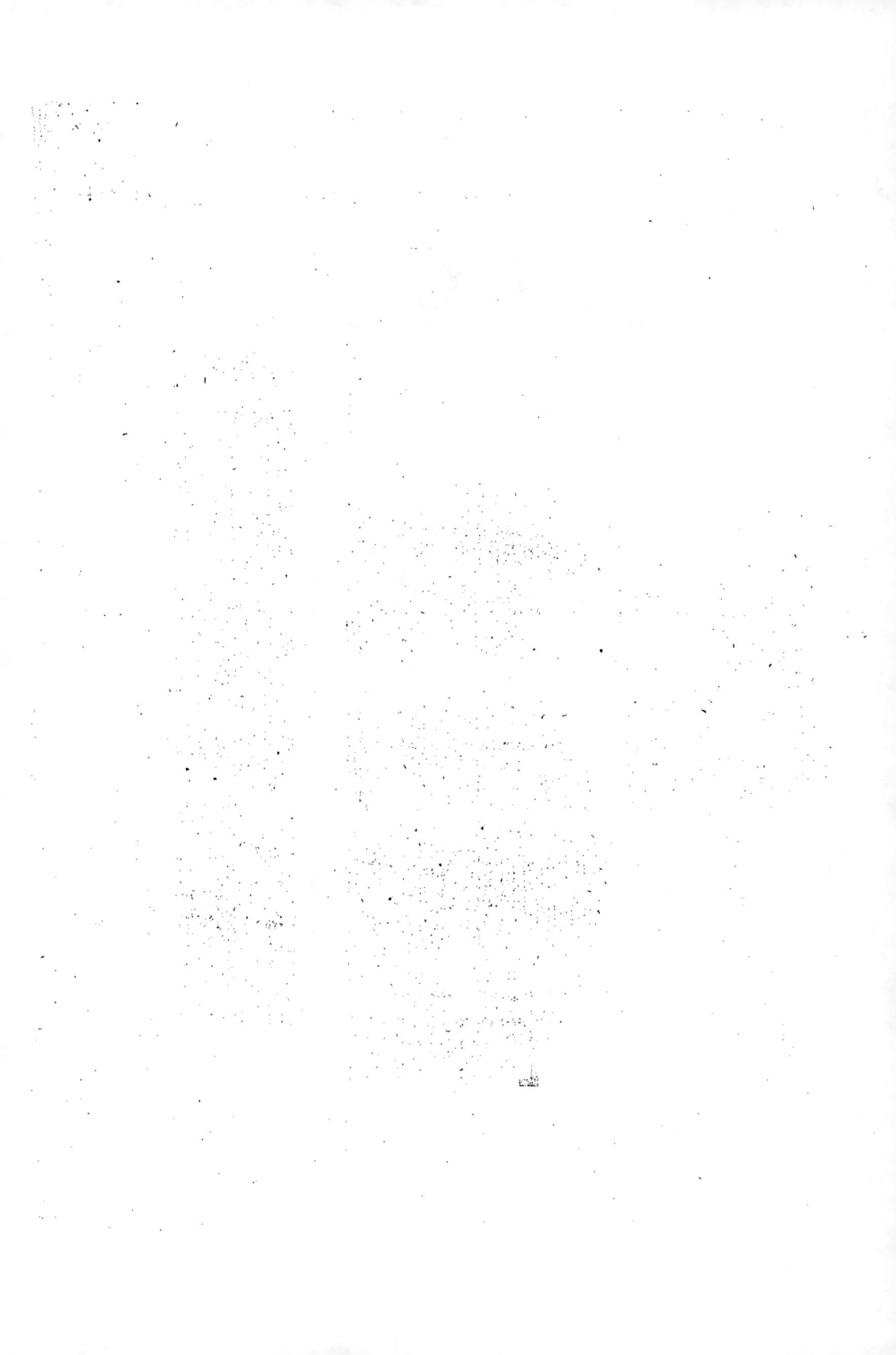

Pl. XXXI.

Granges. Voy. Pag. 27.

Fig. 1. Voy. Pag. 27.

Fig. 2. Voy. Pag. 26.

Fig. 3. Voy. Pag. 26.

Appentis. Voy. Pag. 255.

Fig. 4. Voy.
Pag. 256.

C. P. Lavigne Del.

Adam Sculp.

Pl. XXXII.

Toits à Porcs. Voy. Pag. 243.

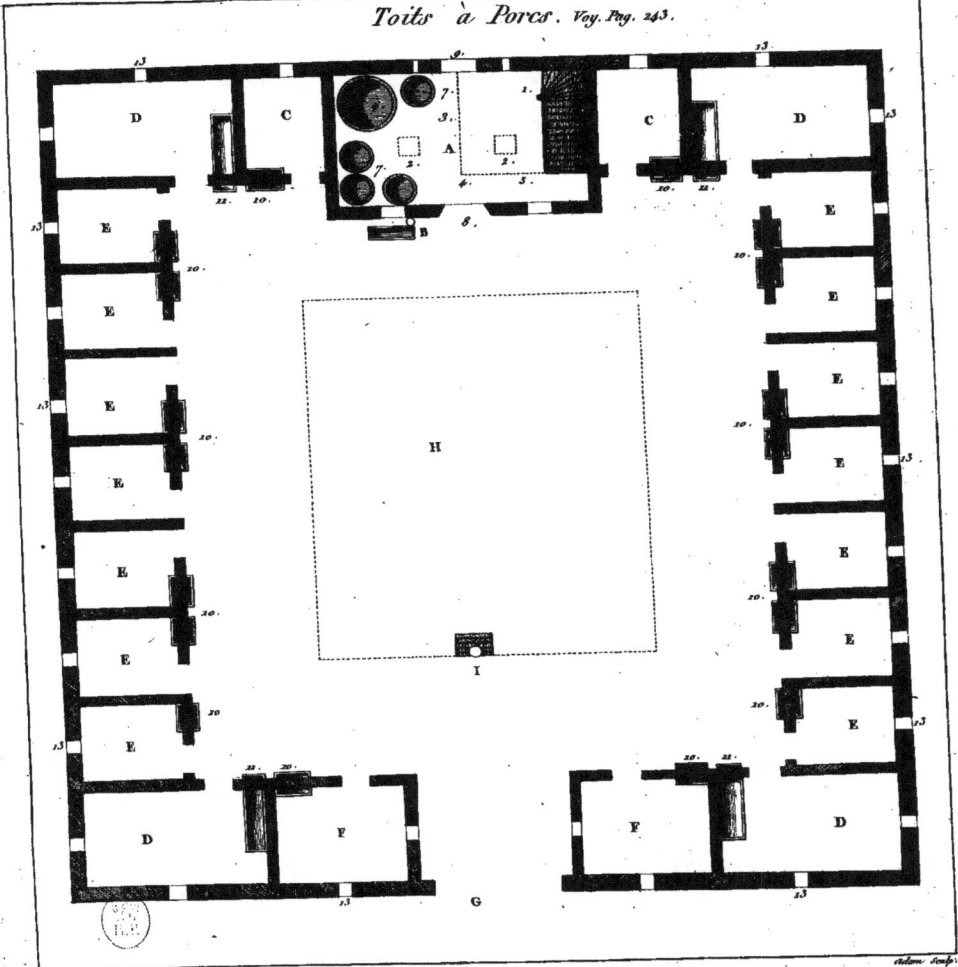

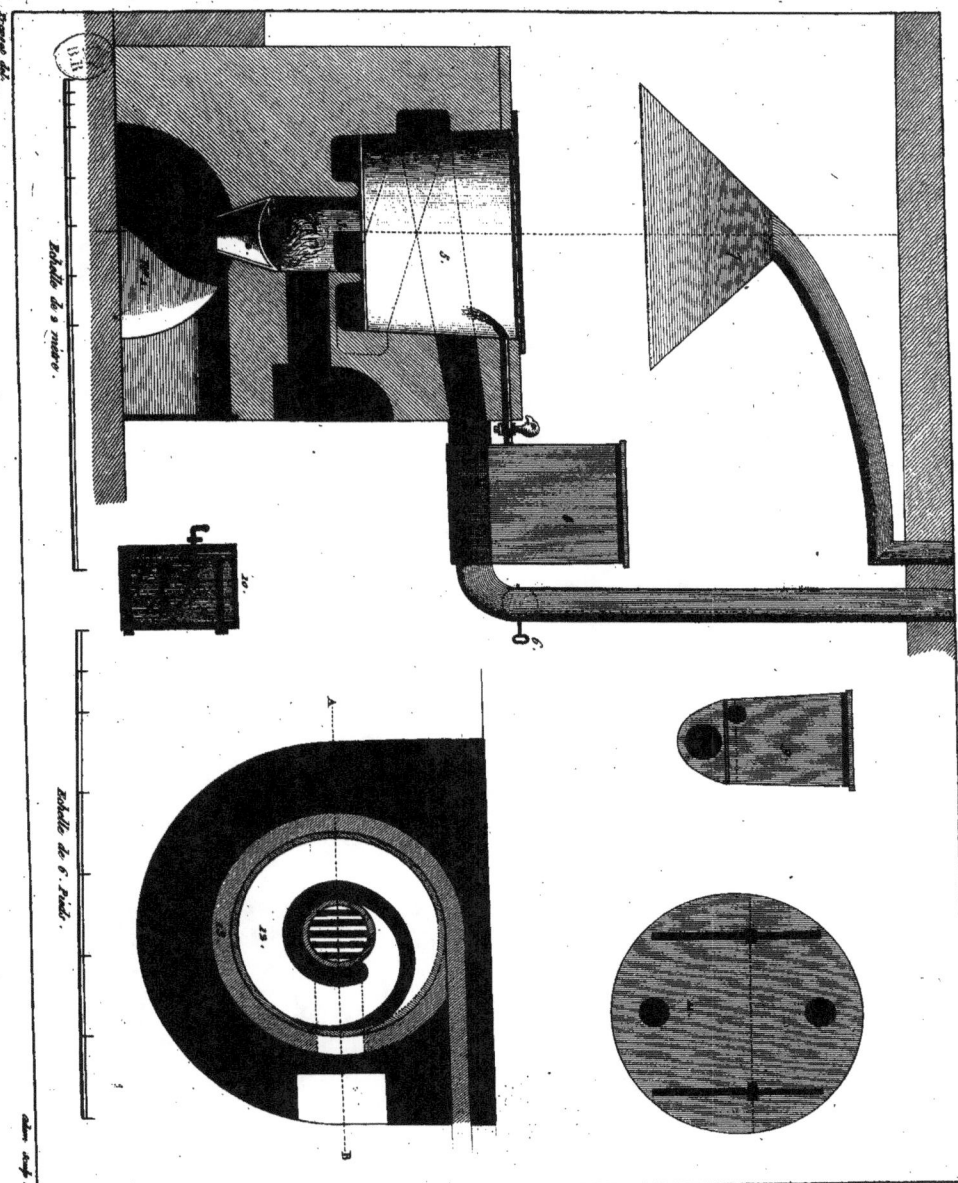

Fourneau économique. Voy. Pag. 251.

Pl. XXIII.

Echelle de 3 mètres.

Echelle de 6 Pieds.

www.ingramcontent.com/pod-product-compliance
Lightning Source LLC
LaVergne TN
LVHW022017080426
835513LV00009B/766